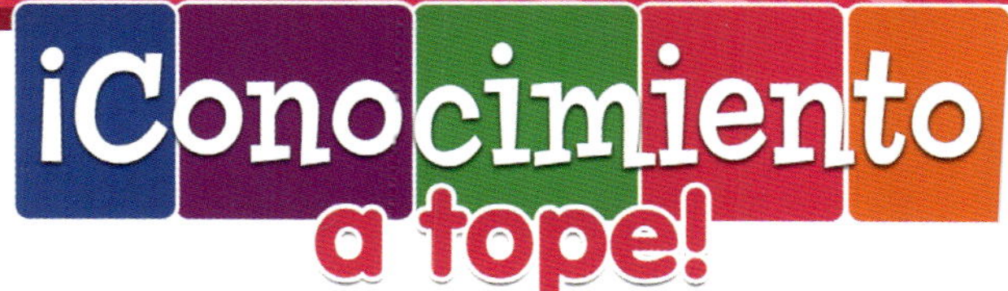

Artes en acción

# Cómo cuentan historias los artistas

Robin Johnson
Traducción de Pablo de la Vega

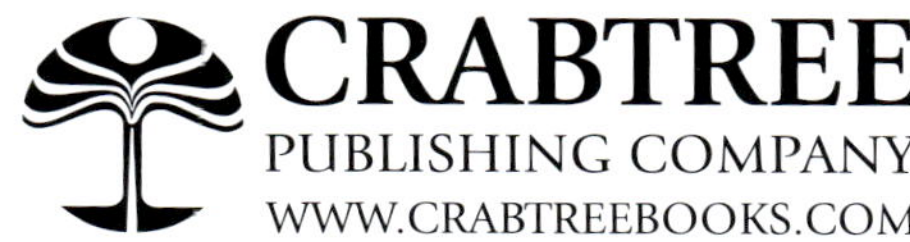

**Objetivos específicos de aprendizaje:**
Los lectores:

- Identificarán y comprenderán cómo la autora respalda las ideas con argumentos.
- Explicarán que los artistas cuentan historias a través del arte, y que las historias pueden provocar distintos sentimientos en las personas.
- Describirán algunas maneras en las que los artistas cuentan historias, tales como el uso del color, de los símbolos o el sonido.

| Palabras de uso frecuente (primer grado) | Vocabulario académico |
|---|---|
| a, cuenta(n), es/está, hacen, juegan/jugando, puede(n), tiene(n), y | ambientación, colcha de parches, estatua, personajes, símbolo, trama |

**Estímulos antes, durante y después de la lectura:**

**Activa los conocimientos previos y haz predicciones:**
Pide a los niños que lean el título y miren las imágenes de la portada. Pregúntales:

- ¿De qué creen que tratará el libro?
- ¿Qué saben acera de lo que es una historia?
- ¿Por qué la gente cuenta historias?
- ¿Cuál es la última historia que leyeron?

**Durante la lectura:**
Después de leer la página 8, pide a los niños que se enfoquen en la pintura que en ella aparece. Pregúntales:

- ¿Qué historia nos está contando la pintura?
- ¿Quiénes son los personajes? ¿Cuál es la ambientación? (Anima a los niños a pensar en la leyenda de la página al responder estas preguntas).
- ¿De qué podría tratar la historia? (Anima a los niños a hacer conexiones entre el texto y ellos mismos).

**Después de la lectura:**
Muestra a los niños imágenes de símbolos y pídeles que compartan lo que piensan que significan. Usa los símbolos para representar la trama de una historia conocida.

Ponles fragmentos de música infantil. Pídeles que actúen el sentimiento o la historia que la música está transmitiendo.

**Author:** Robin Johnson

**Series development:** Reagan Miller

**Editor:** Janine Deschenes

**Proofreader:** Melissa Boyce

**STEAM notes for educators:** Reagan Miller and Janine Deschenes

**Guided reading leveling:** Publishing Solutions Group

**Cover and interior design:** Samara Parent

**Photo research:** Robin Johnson and Samara Parent

**Print coordinator:** Katherine Berti

**Translation to Spanish:** Pablo de la Vega

**Edition in Spanish:** Base Tres

**Photographs:**

iStock: catnap72: p. 13 (top)

Shutterstock: Pavel L Photo and Video: front cover; 501room: title page; Anton_Ivanov: p. 5 (top); Alain Lauga: p. 10; Solodov Aleksei: p. 12; lazyllama: p. 15; Igor Bulgarin: p. 16; Kamira: p. 19 (top); tarczas: p. 21

All other photographs by Shutterstock

**Library and Archives Canada Cataloguing in Publication**

Title: Cómo cuentan historias los artistas / Robin Johnson ; traducción de Pablo de la Vega.
Other titles: How do artists tell stories? Spanish
Names: Johnson, Robin (Robin R.), author. | Vega, Pablo de la, translator.
Description: Series statement: ¡Conocimiento a tope! Artes en acción | Translation of: How do artists tell stories? | Includes index. | Text in Spanish.
Identifiers: Canadiana (print) 20200296345 | Canadiana (ebook) 20200296353 | ISBN 9780778782773 (hardcover) | ISBN 9780778783084 (softcover) | ISBN 9781427126238 (HTML)
Subjects: LCSH: Arts—Psychology—Juvenile literature. | LCSH: Storytelling in art—Juvenile literature.
Classification: LCC NX165 .J6418 2021 | DDC j700.1/9—dc23

Printed in the U.S.A./102020/CG20200914

**Library of Congress Cataloging-in-Publication Data**

Names: Johnson, Robin (Robin R.), author. | Vega, Pablo de la, translator.
Title: Cómo cuentan historias los artistas / Robin Johnson ; traducción de Pablo de la Vega.
Other titles: How do artists tell stories? Spanish
Description: New York : Crabtree Publishing Company, [2021] | Series: ¡Conocimiento a tope! Artes en acción | Includes index.
Identifiers: LCCN 2020032594 (print) | LCCN 2020032595 (ebook) | ISBN 9780778782773 (hardcover) | ISBN 9780778783084 (paperback) | ISBN 9781427126238 (ebook)
Subjects: LCSH: Arts--Psychology--Juvenile literature.
Classification: LCC NX165 .J6418 2021 (print) | LCC NX165 (ebook) | DDC 700.1/9--dc23
LC record available at https://lccn.loc.gov/2020032594
LC ebook record available at https://lccn.loc.gov/2020032595

# Índice



**Crabtree Publishing Company**
www.crabtreebooks.com 1-800-387-7650

In Canada: We acknowledge the financial support of the Government of Canada through the Canada Book Fund for our publishing activities.

**Published in Canada**
**Crabtree Publishing**
616 Welland Ave.
St. Catharines, Ontario
L2M 5V6

**Published in the United States**
**Crabtree Publishing**
347 Fifth Ave
Suite 1402-145
New York, NY 10016

**Published in the United Kingdom**
**Crabtree Publishing**
Maritime House
Basin Road North, Hove
BN41 1WR

**Published in Australia**
**Crabtree Publishing**
Unit 3 – 5 Currumbin Court
Capalaba
QLD 4157

# ¿Qué es un artista?

Un artista es una persona que crea arte. Los artistas crean imágenes. Hacen vasijas y **estatuas**. También bailan, cantan, actúan y hacen música.

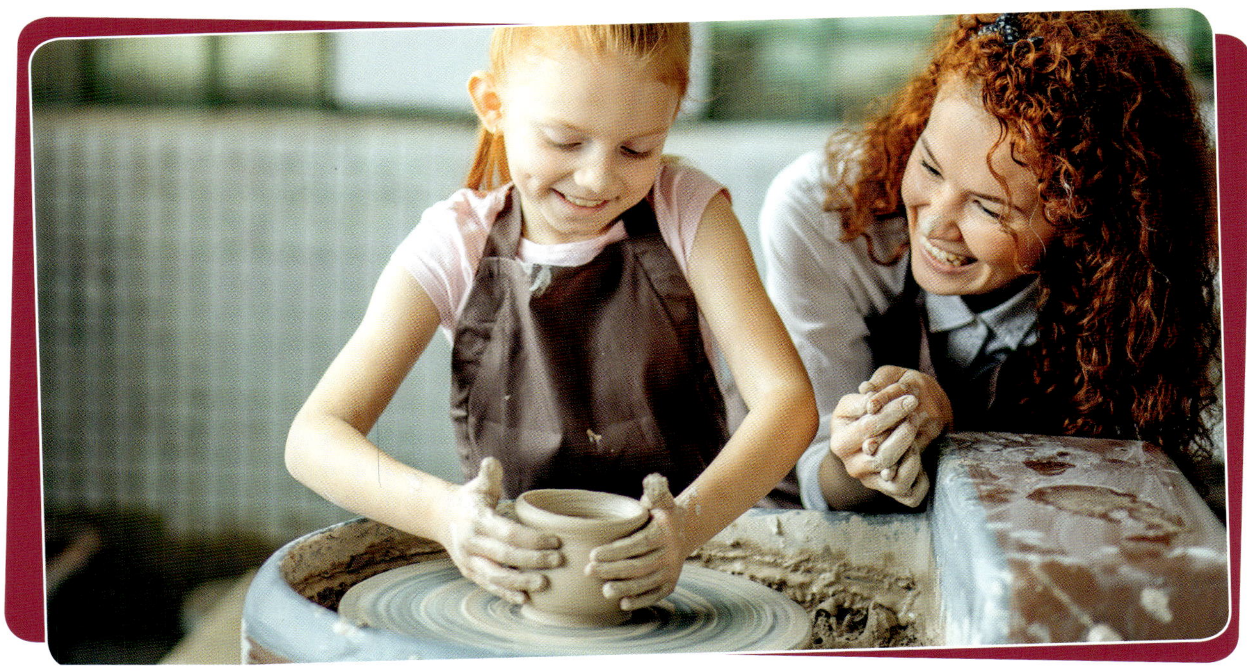

Esta artista está haciendo una vasija. Le da forma con sus manos.

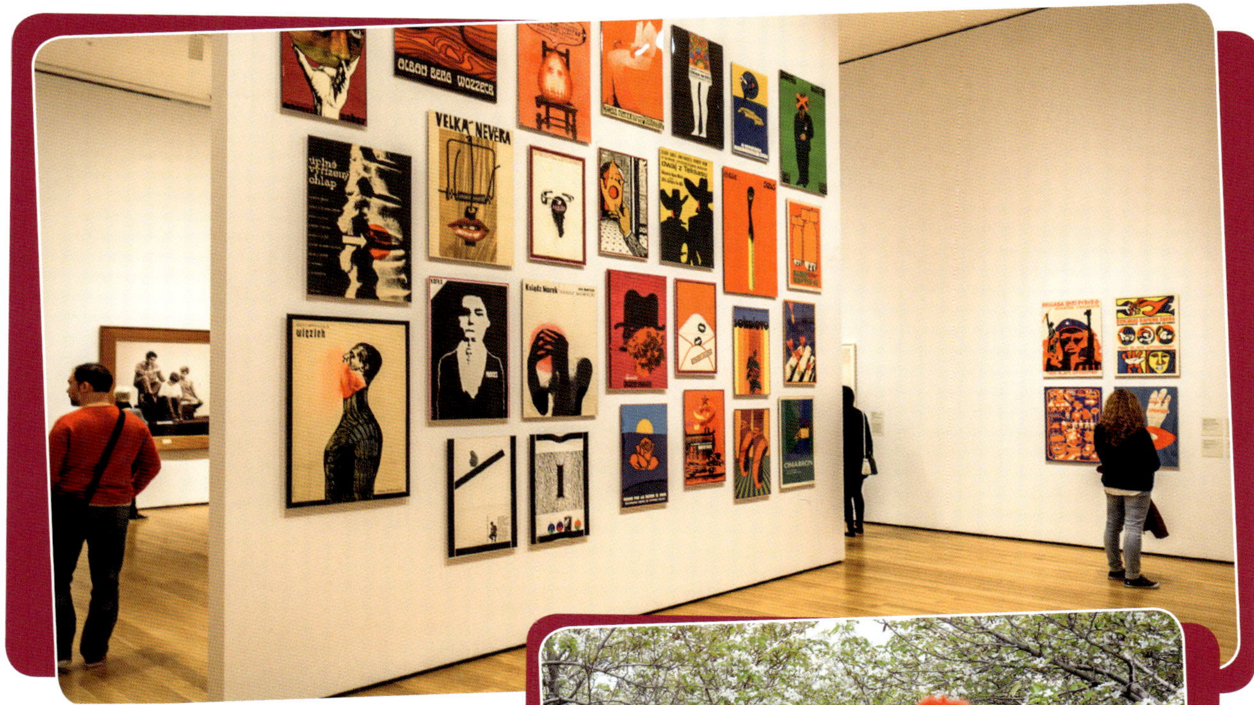


Los museos son lugares que la gente visita para ver obras de arte.

Estos artistas bailan y tocan música.

# ¿Qué es una historia?

Las historias nos hablan de personas y lugares. Leemos historias en libros. Las vemos en películas. Las escuchamos en boca de otras personas.

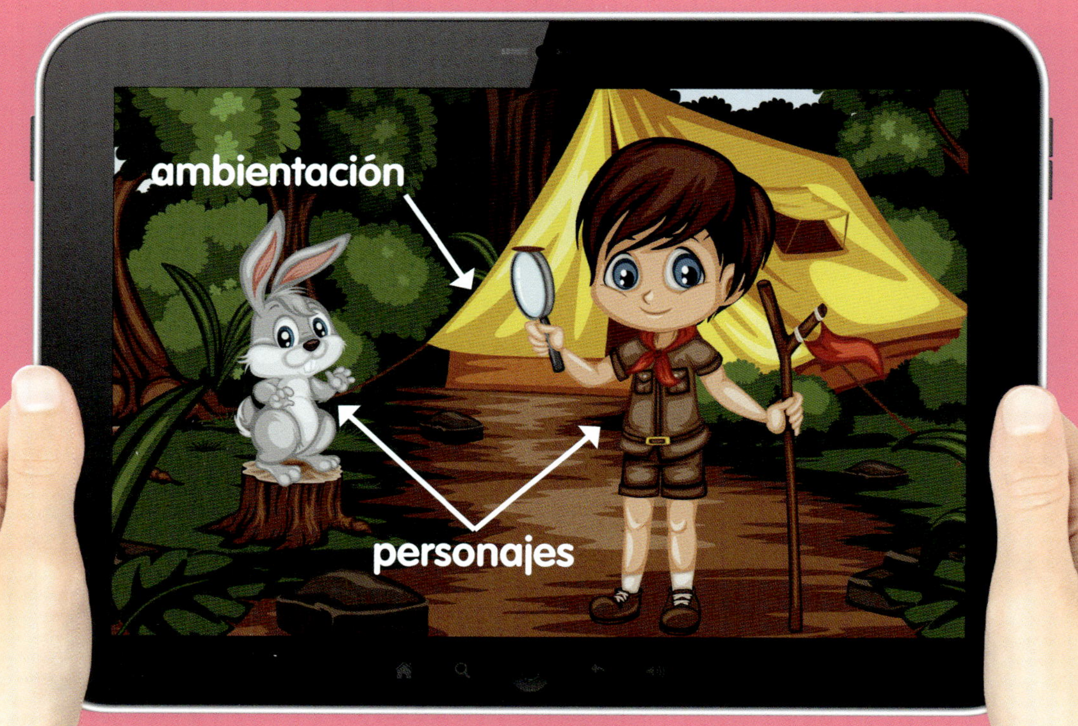


Una historia tiene personajes. Pueden ser personas o animales. Una historia tiene una ambientación. Una ambientación es el lugar y momento de la historia.

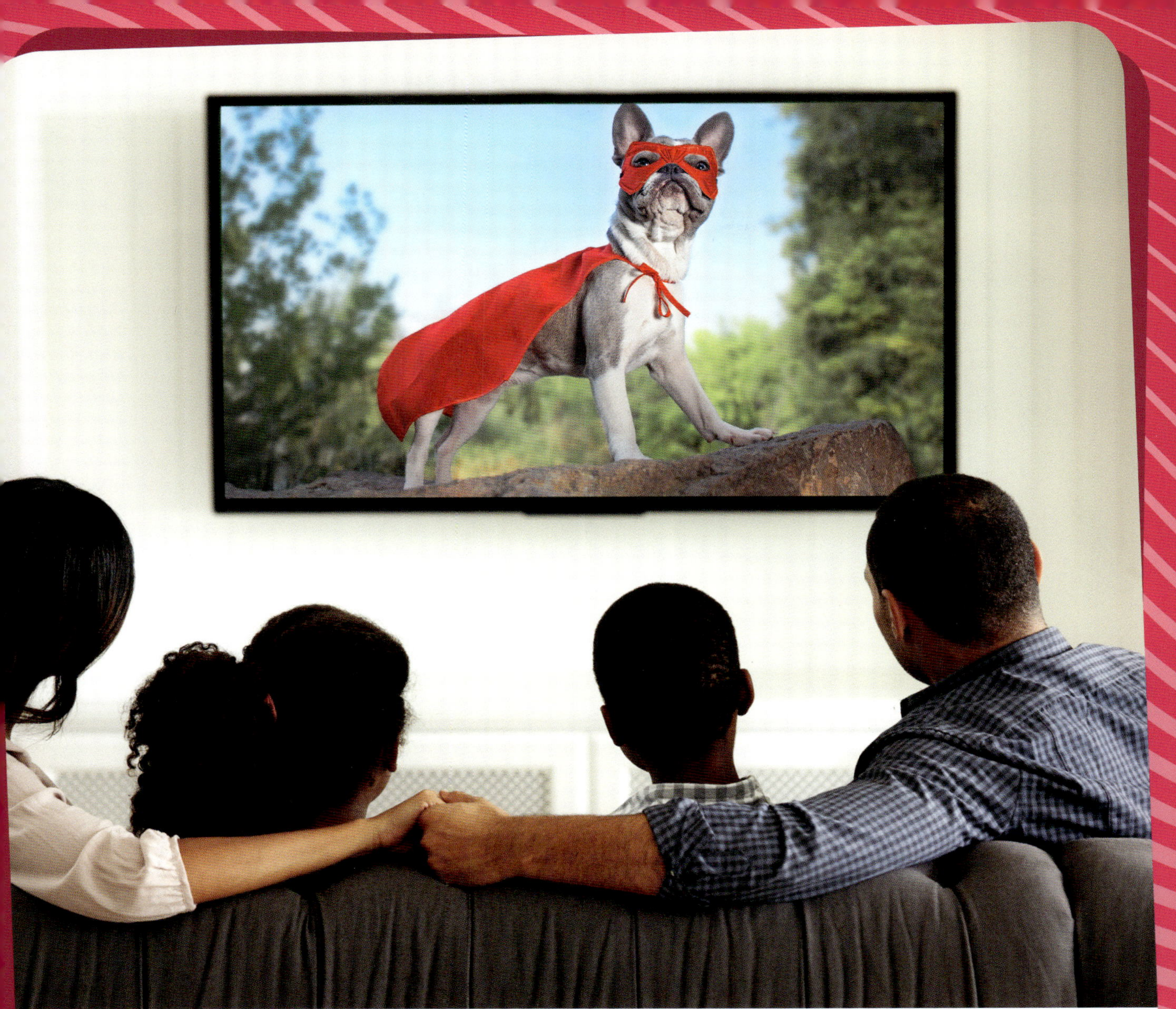

Una historia tiene una trama. Una trama está hecha de los sucesos que conforman la historia. La trama de esta historia es sobre un perro que salva a sus amigos.

# Los artistas cuentan historias

Los artistas cuentan historias a través del arte que crean. El arte puede tener personajes, ambientaciones y tramas.

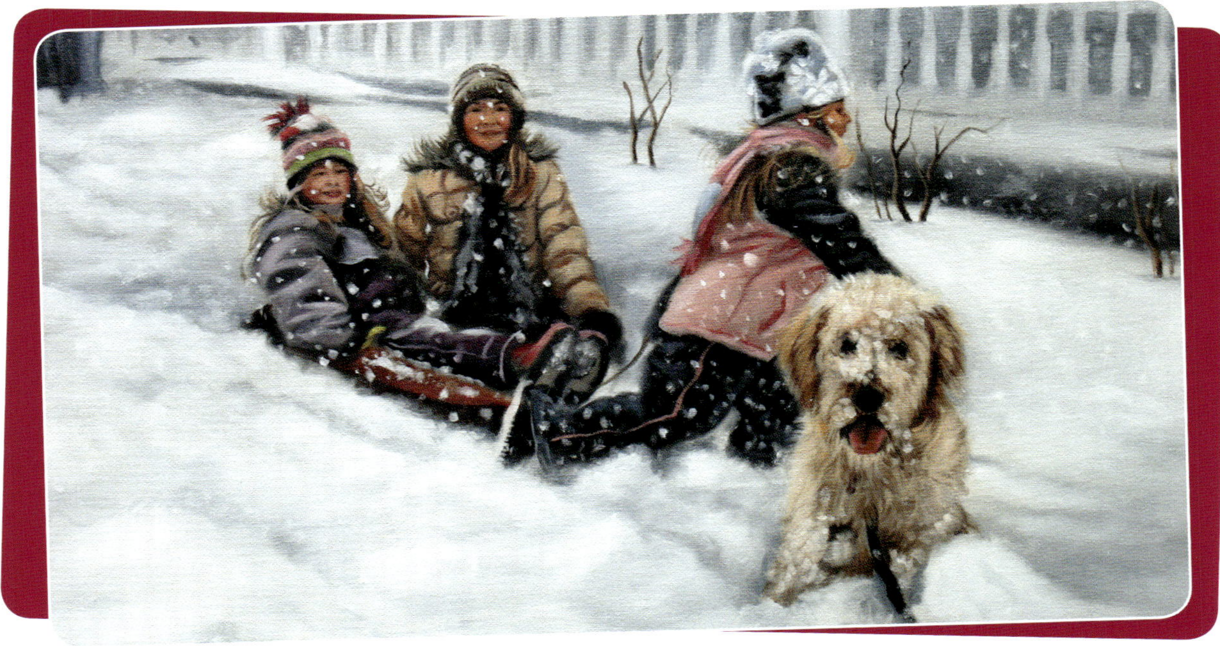

Esta pintura cuenta la historia de unos niños y un perro que juegan en la nieve. La ambientación es un jardín en invierno.

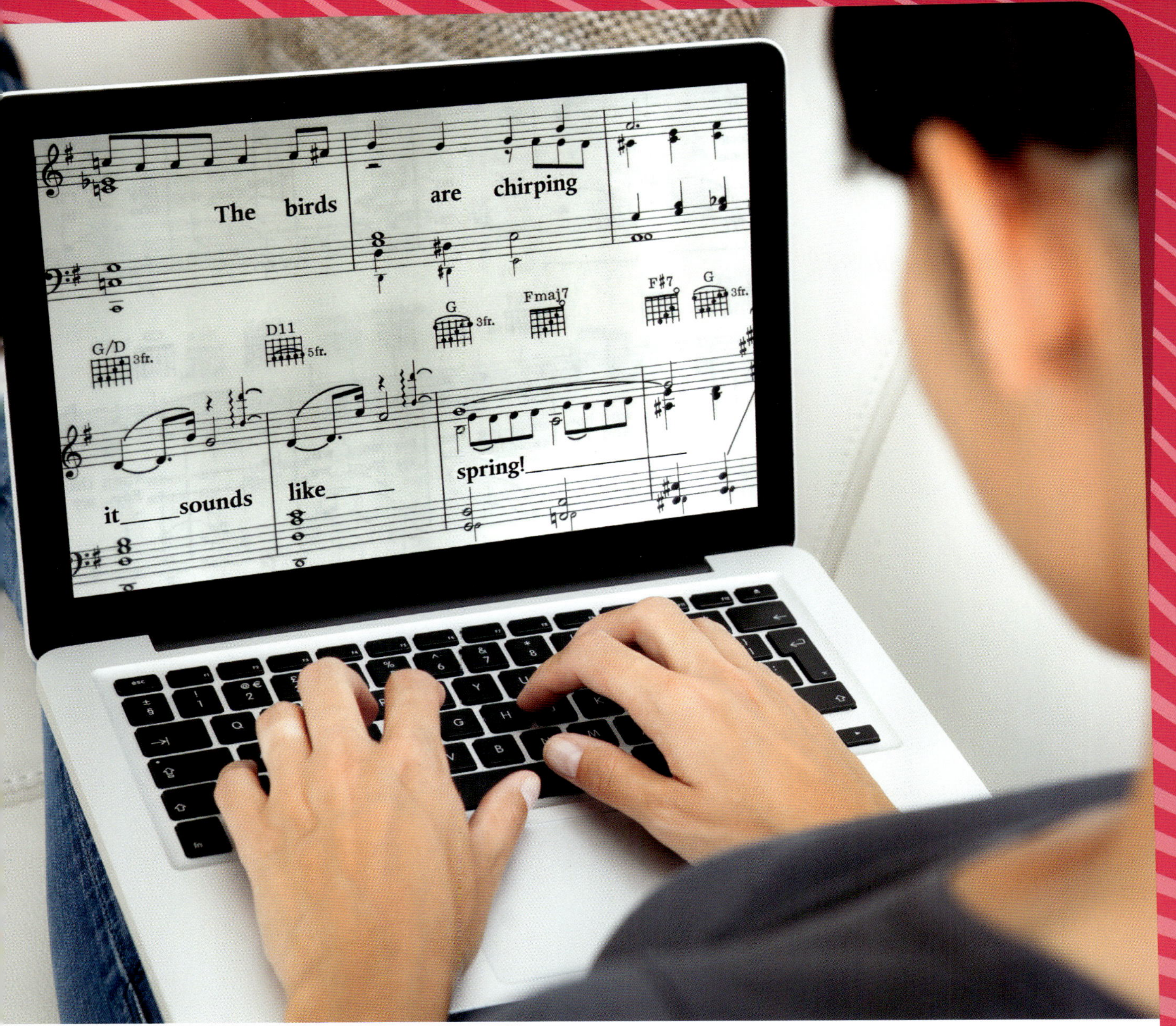


Esta artista compone una canción en su **computador**.
La canción cuenta una historia sobre la primavera.

# Muchas historias

Los artistas cuentan muchos tipos de historias. Algunas historias son alegres. Otras son tristes. Los artistas muestran sentimientos de muchas maneras.

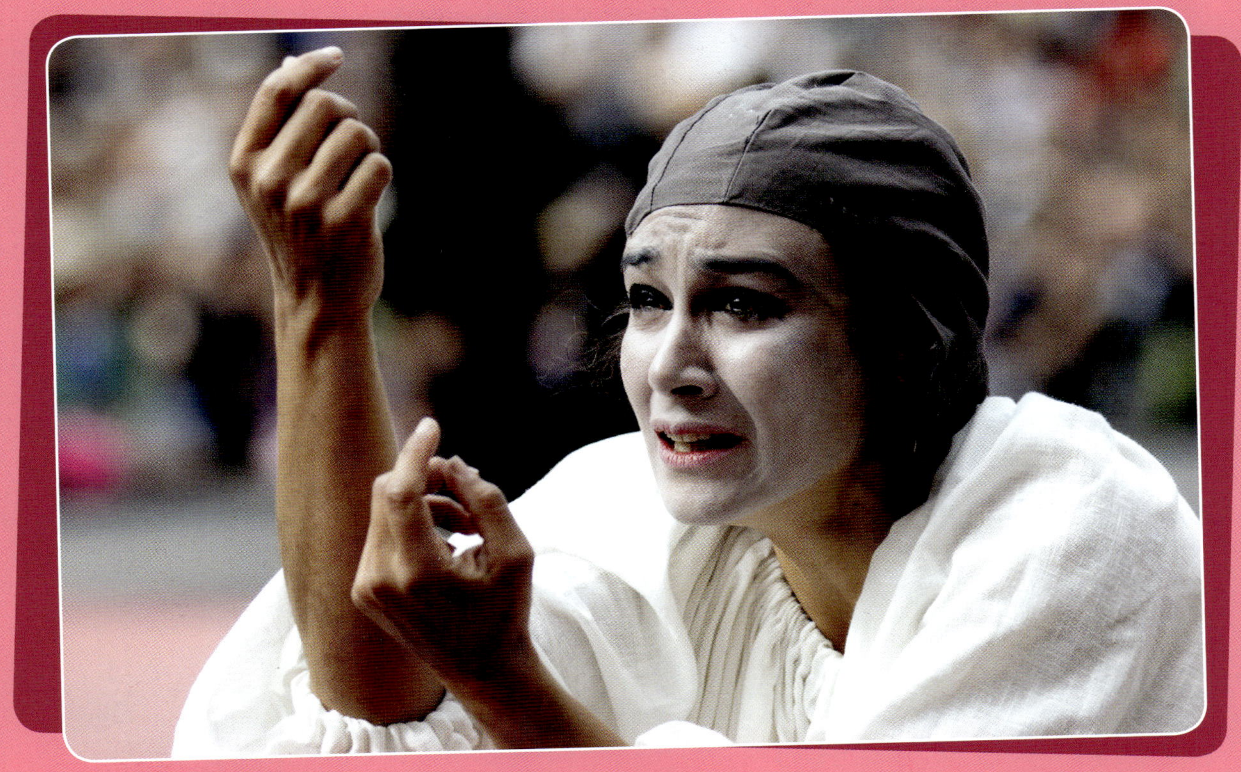

Esta artista actúa en una **obra de teatro**. Llora para mostrar que su personaje está triste.

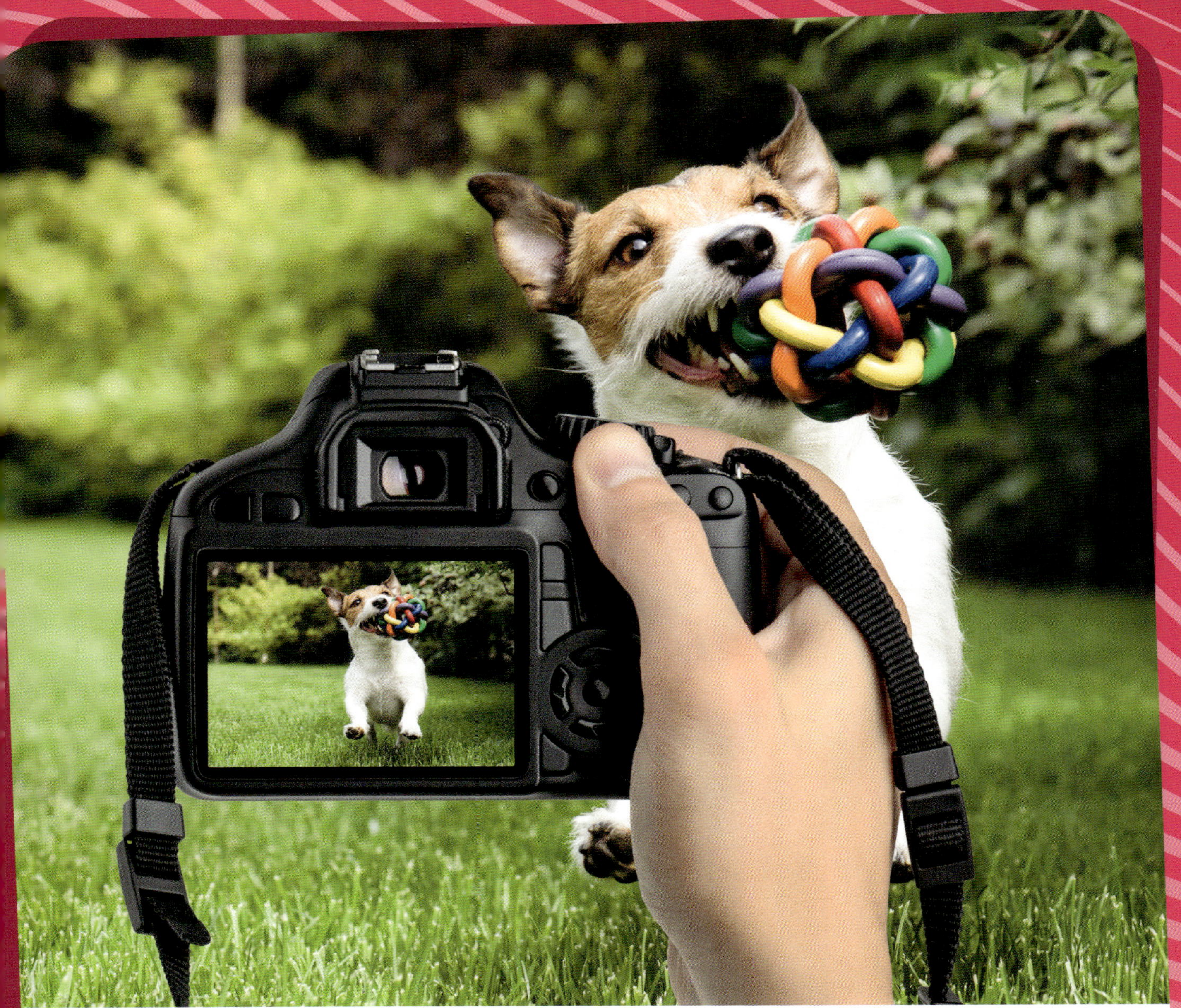

Algunos artistas toman fotografías con unas herramientas llamadas **cámaras**. Esta artista toma una fotografía de su perro jugando. La fotografía nos cuenta una historia alegre.

# Los símbolos cuentan historias

Los artistas pueden usar símbolos para contar historias. Los símbolos son imágenes que tienen distintos significados. Un corazón es un símbolo que significa amor.

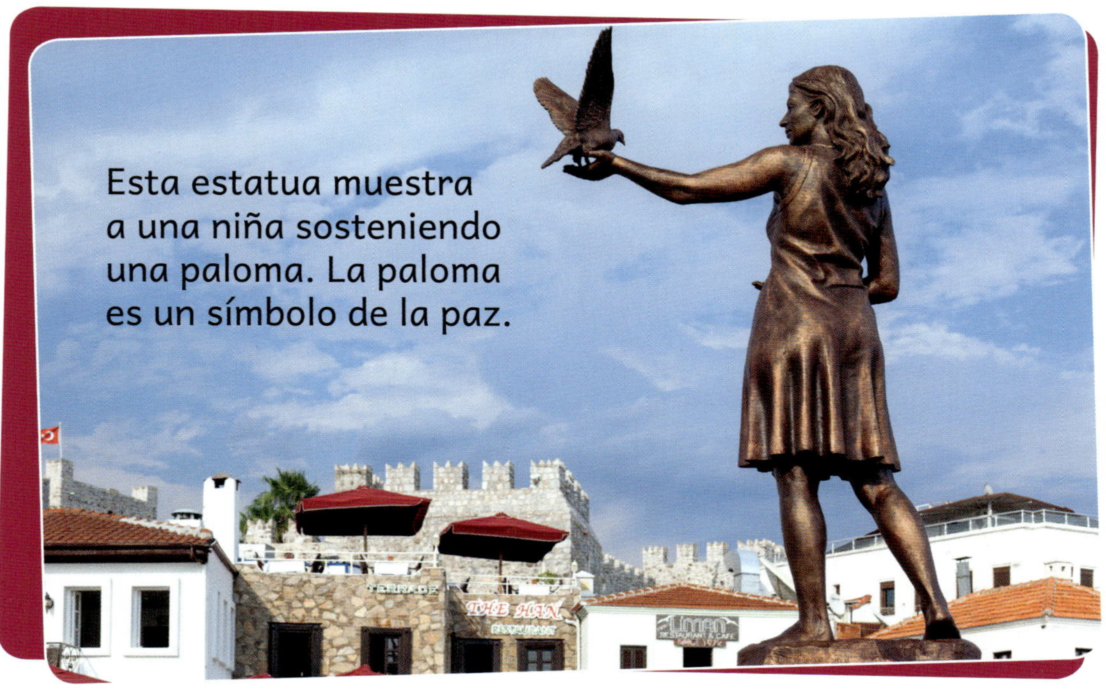

Esta estatua muestra a una niña sosteniendo una paloma. La paloma es un símbolo de la paz.

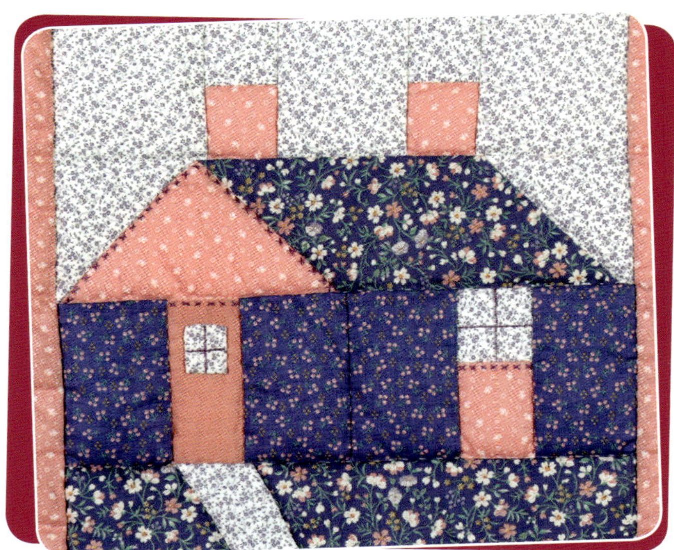

Algunos artistas hacen **colchas de parches**. Muchas colchas de parches contienen símbolos. Esta colcha de parches muestra una casa. Una casa es un símbolo de la familia.

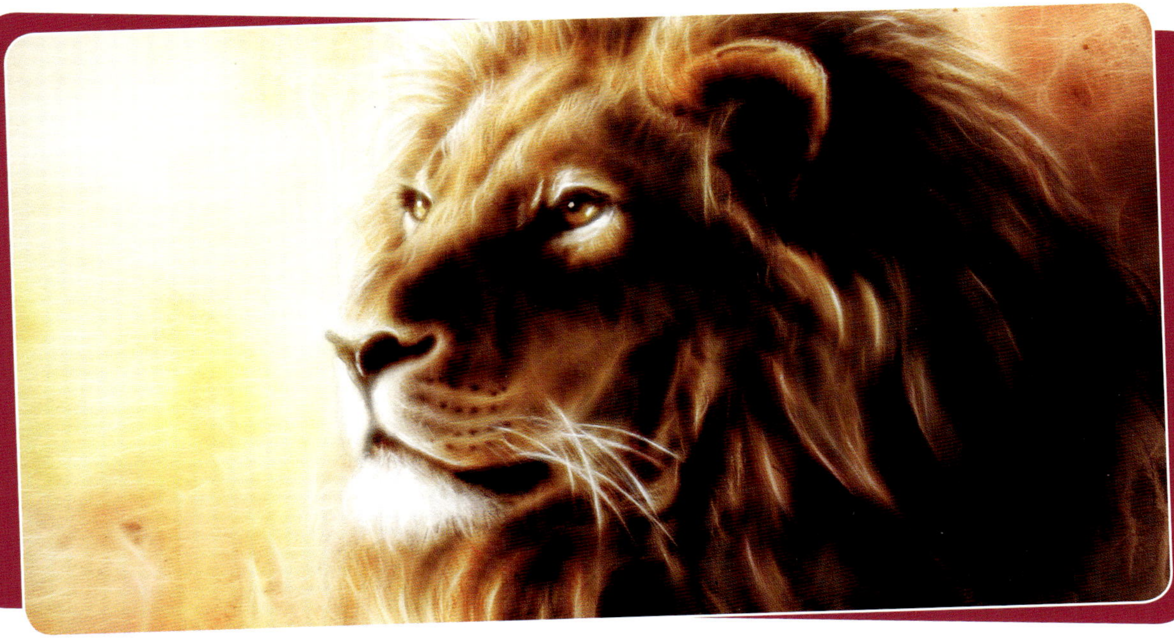

Esta pintura muestra a un león. Un león es un símbolo que significa fuerza.

# Las imágenes cuentan historias

Los artistas cuentan historias a través de las imágenes que crean. Usan colores que muestran distintos sentimientos. Los colores brillantes pueden mostrar sentimientos de alegría o entusiasmo. Los colores oscuros pueden mostrar sentimientos de tristeza.

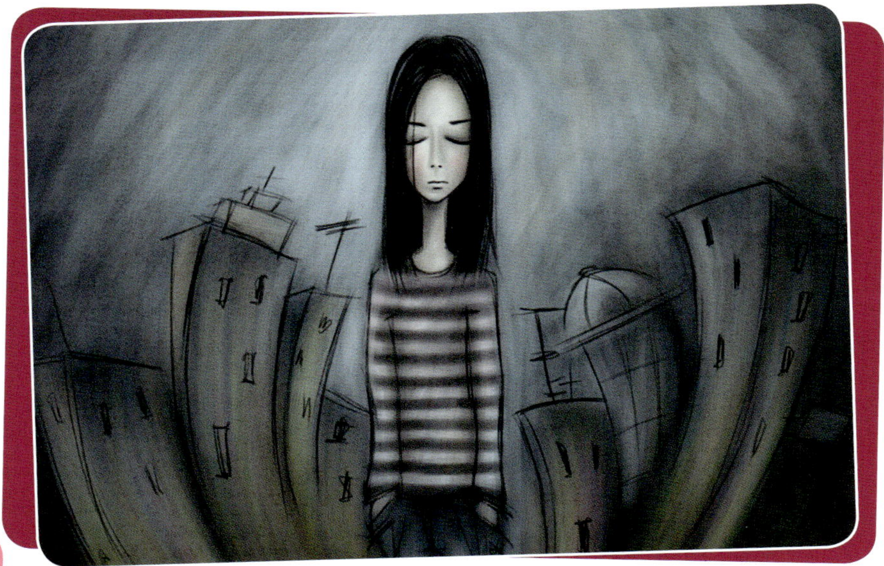

Este dibujo muestra a una niña sola. El artista usó colores oscuros para mostrar que está triste.

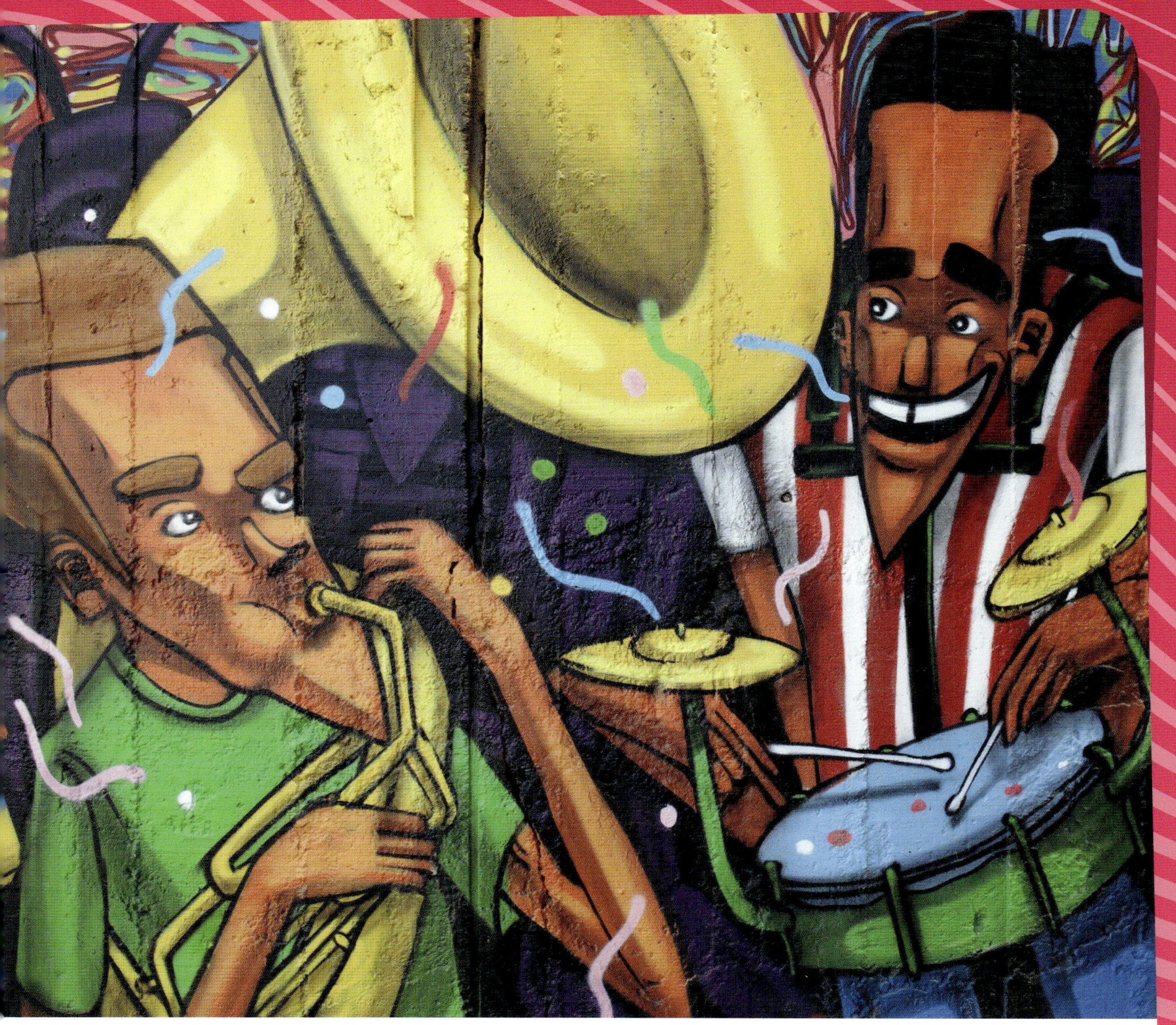

Esta pintura muestra a gente en una fiesta. El artista usó colores brillantes para mostrar que se sienten felices.

# Los actores cuentan historias

Algunos artistas cuentan historias actuando como personajes. Son actores. Usan palabras y acciones para contar historias. Usan sus rostros para mostrar cómo se sienten los personajes.

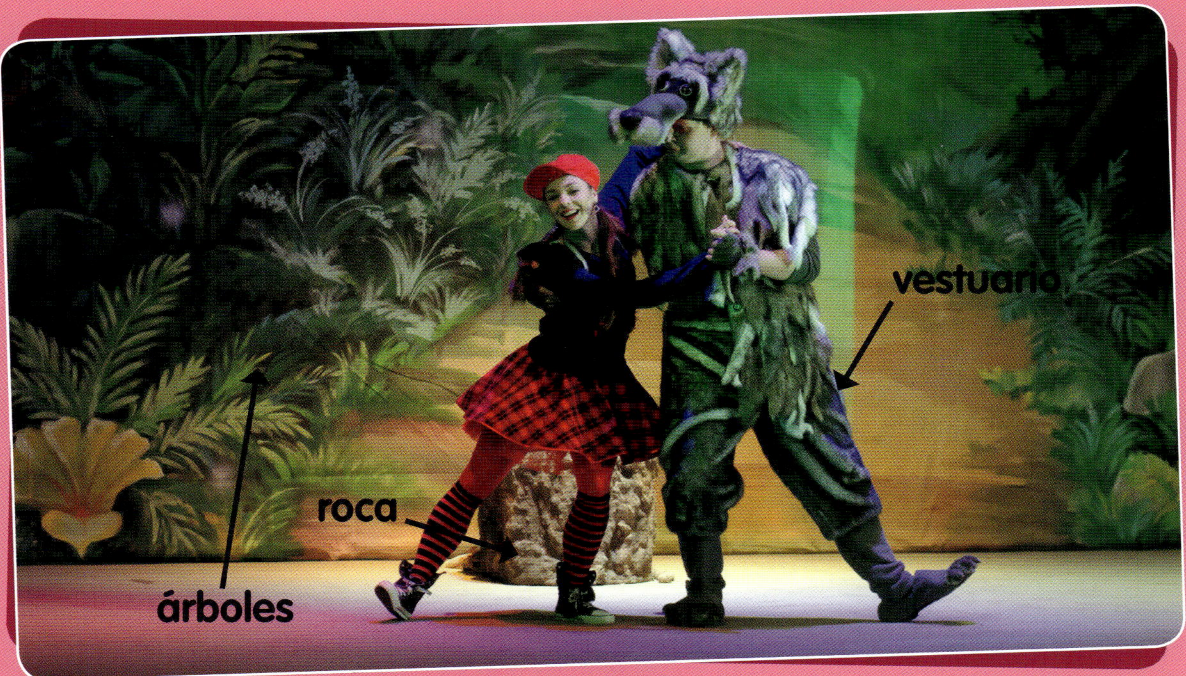


Estos actores usan un **vestuario** para verse como personajes distintos. Una roca y árboles muestran la ambientación de la historia.

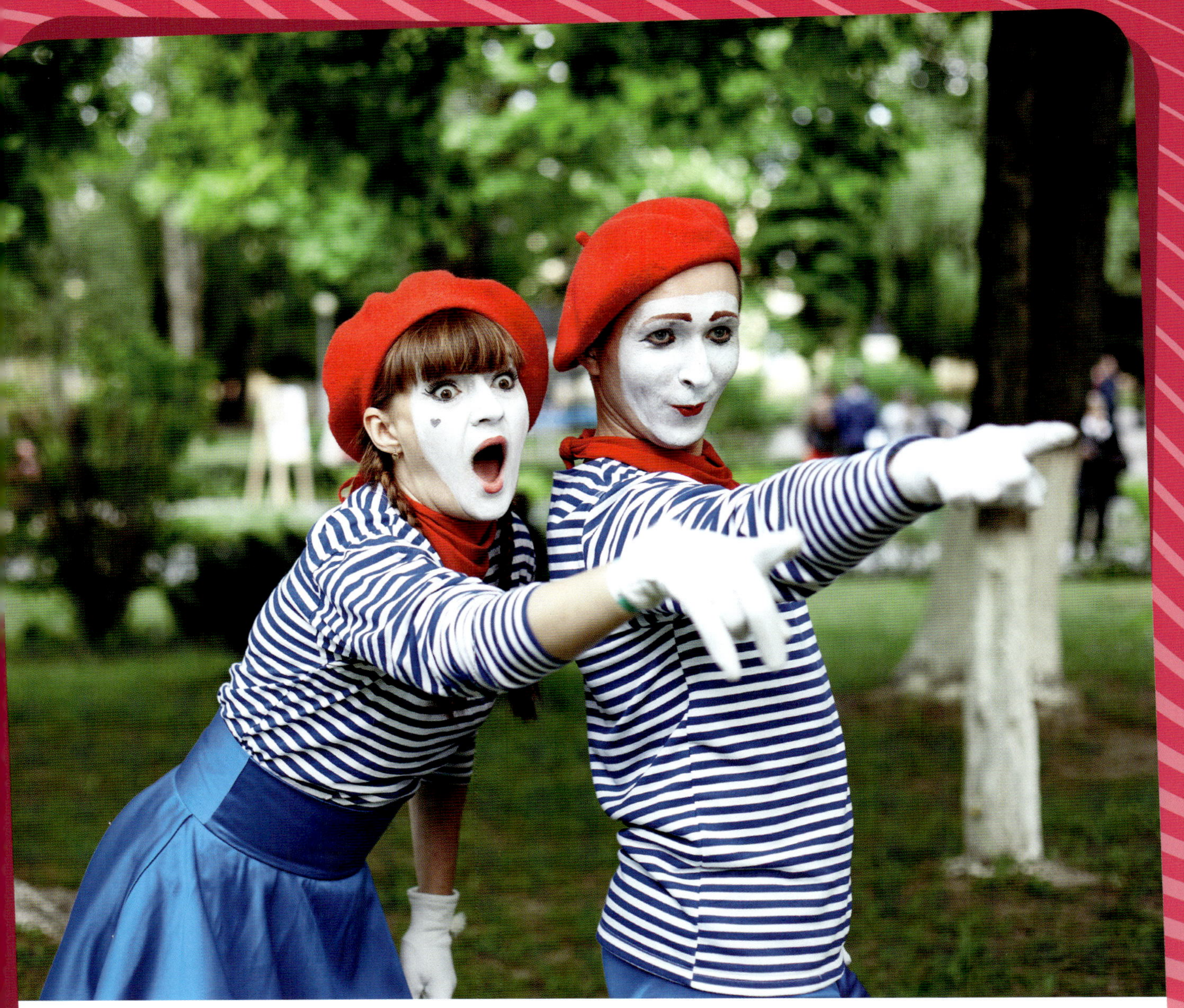

Los actores llamados **mimos** no usan palabras. Cuentan historias con acciones. Usan sus rostros para mostrar cómo se sienten sus personajes.

# La música cuenta historias

Algunos artistas hacen música. Cantan canciones. Crean sonidos con **instrumentos**. Cuentan historias con su música.

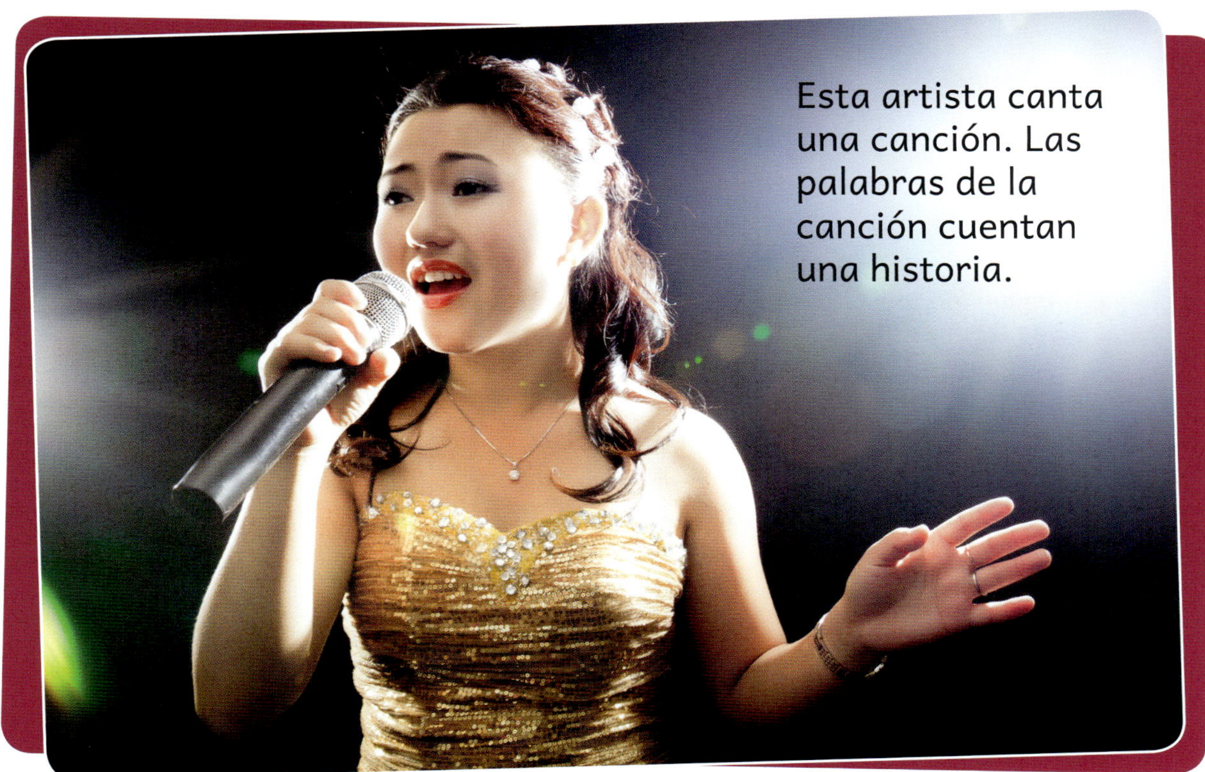

Esta artista canta una canción. Las palabras de la canción cuentan una historia.

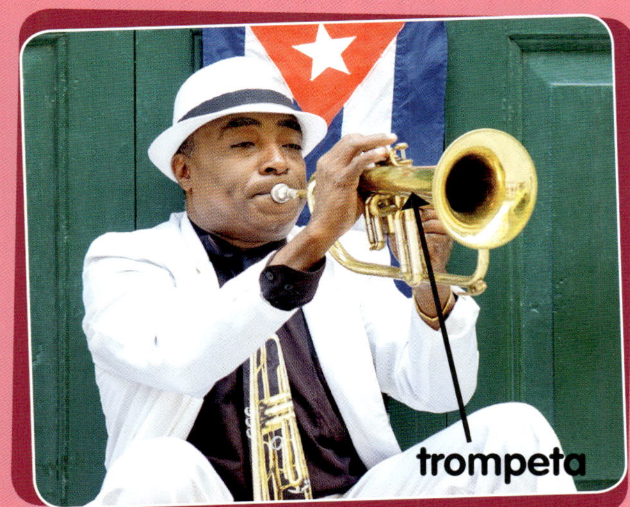


Los artistas hacen sonidos fuertes y suaves para mostrar sentimientos diferentes. Las trompetas hacen sonidos fuertes. Pueden mostrar sentimientos de entusiasmo.

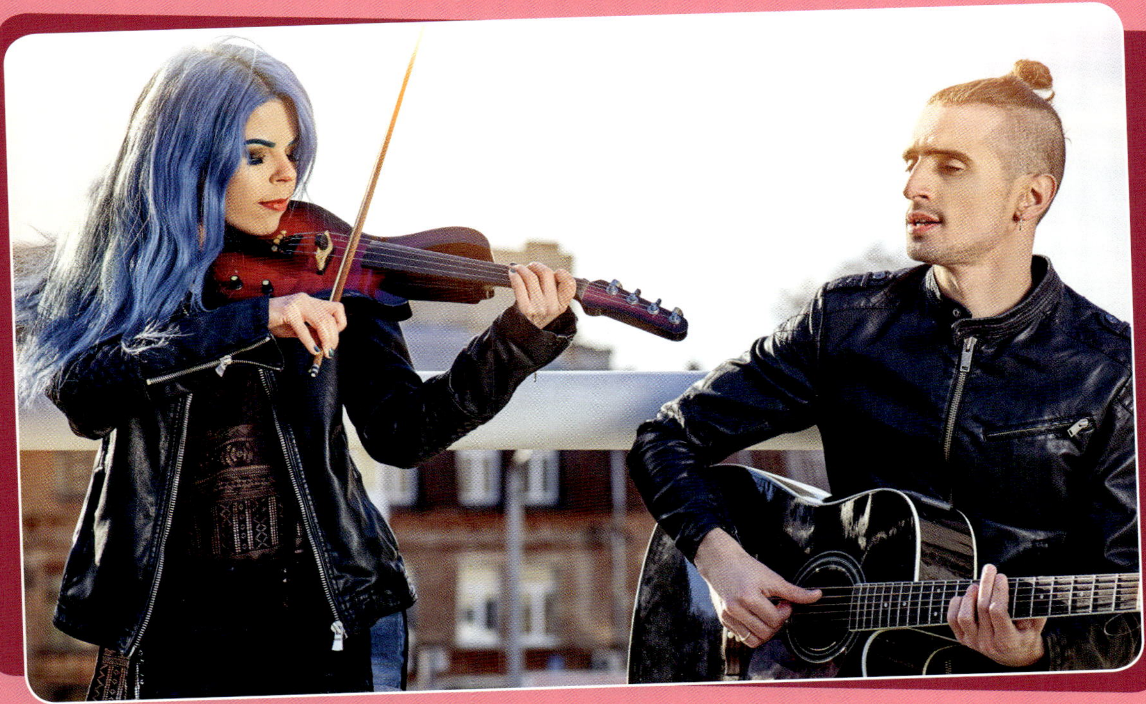

Los artistas cambian la velocidad de su música para contar distintas historias. La música lenta podría contar una historia triste. La música rápida podría contar una historia alegre.

# Los bailarines cuentan historias

Los bailarines cuentan historias moviendo el cuerpo. Se mueven al ritmo de la música. Las formas como se mueven muestran cómo se sienten.

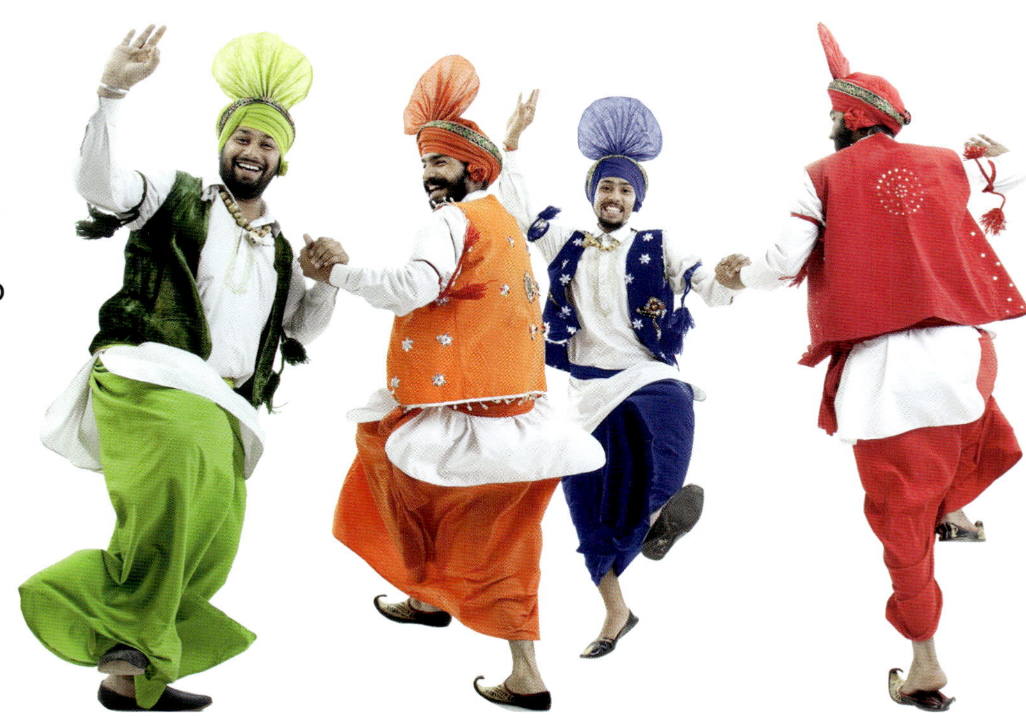

Estos bailarines brincan. Se mueven al ritmo de una música veloz. Nos cuentan una historia alegre.

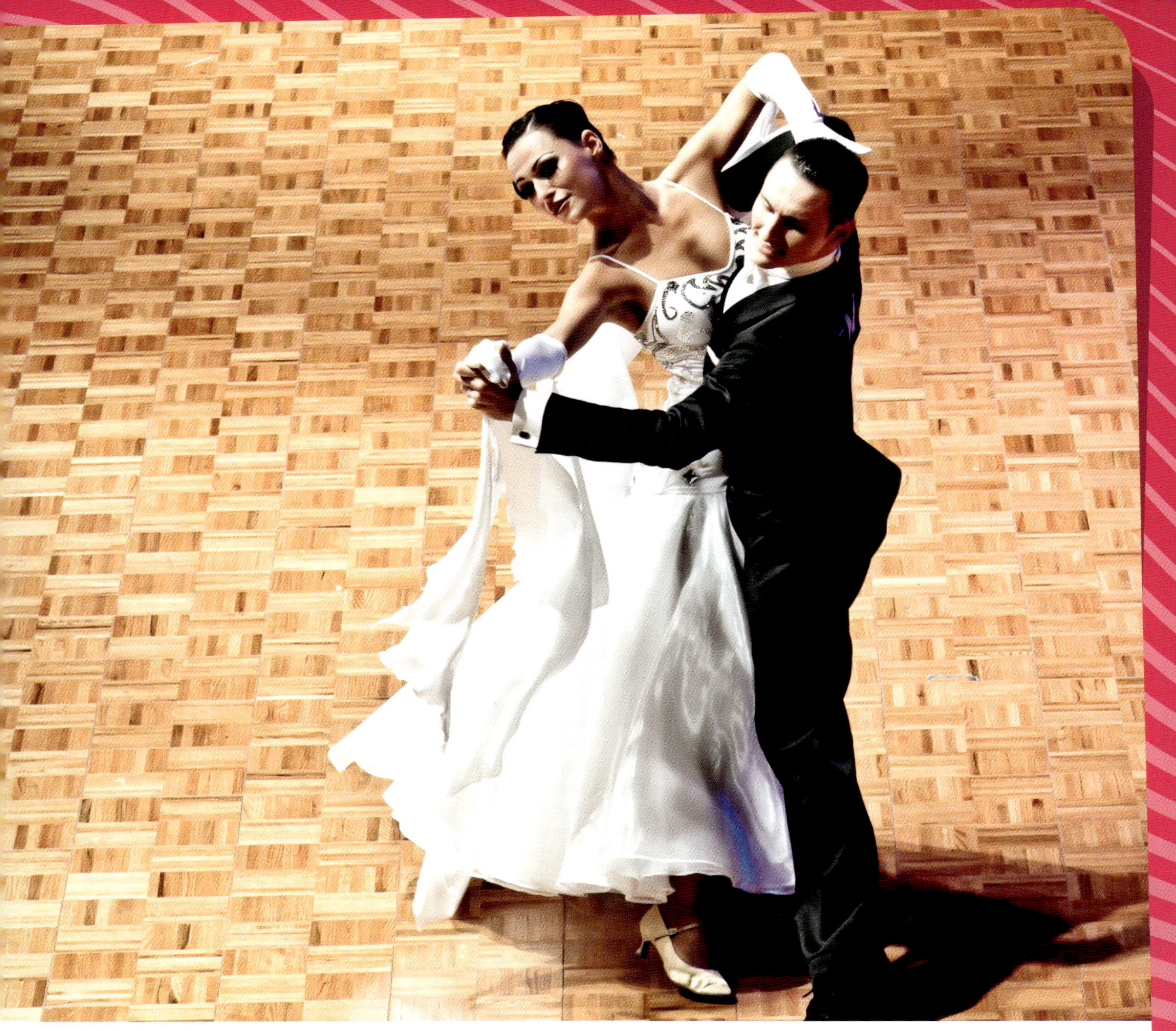

Estos artistas bailan en pareja. Se mueven al ritmo de música lenta. Cuentan una historia acerca de dos personas que se aman.

# Palabras nuevas

**cámaras:** sustantivo. Herramientas que toman fotografías o videos.

**colchas de parches:** sustantivo. Colchas hechas de pedazos de tela u otros materiales.

**computador:** sustantivo. Un aparato electrónico que hace un trabajo.

**estatuas:** sustantivo. Un tipo de arte en tercera dimensión hecho de materiales en distintas formas.

**instrumentos:** sustantivo. Herramientas que producen sonidos musicales.

**mimos:** sustantivo. Actores que no usan palabras.

**obra de teatro:** sustantivo. Un espectáculo que la gente ve.

**vestuario:** sustantivo. Cosas que la gente usa para verse como algún personaje.

Un sustantivo es una persona, lugar o cosa.

Un verbo es una palabra que describe una acción que hace alguien o algo.

Un adjetivo es una palabra que te dice cómo es alguien o algo.

# Índice analítico



## Sobre la autora

Robin Johnson es una autora y editora independiente que ha escrito más de 80 libros para niños. Cuando no está trabajando, construye castillos en el aire junto a su marido, quien es ingeniero, y sus dos creaciones favoritas: sus hijos Jeremy y Drew.

**Para explorar y aprender más, ingresa el código de abajo en el sitio de Crabtree Plus.**

**www.crabtreeplus.com/fullsteamahead**

**Tu código es: fsa20**

**(página en inglés)**

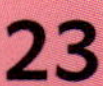

# Notas de STEAM para educadores

¡Conocimiento a tope! es una serie de alfabetización que ayuda a los lectores a desarrollar su vocabulario, fluidez y comprensión al tiempo que aprenden ideas importantes sobre las materias de STEAM. *Cómo cuentan historias los artistas* ayuda a los lectores a aprender cómo un autor respalda sus ideas con argumentos, haciendo conexiones entre las afirmaciones en el texto con imágenes de obras de arte. La actividad STEAM de abajo ayuda a los lectores a expandir las ideas del libro para el desarrollo de habilidades visuales y de lengua y literatura.

## Contando mi historia

Los niños lograrán:

- Entender e identificar cómo el arte cuenta una historia.
- Crear un escudo de armas que cuente su historia.
- Explicar cómo su obra de arte cuenta una historia acerca de ellos mismos.

**Materiales**

- Hoja de trabajo «Mi escudo de armas».
- Ejemplo completo de «Mi escudo de armas».
- Materiales para dibujar y colorear.

**Guía de estímulos**

Después de leer *Cómo cuentan historias los artistas*, pregunta:

- ¿Cuáles son las partes de una historia?
- ¿Cómo se puede contar una historia a través del arte? ¿Qué elementos del arte ayudan a contar historias? (El color, los símbolos, etc.).

**Actividades de estímulo**

Repasa las páginas 12 a 15 con los niños. Pregúntales:

- ¿Puedes pensar en un símbolo que cuente una historia?
- ¿Qué usan los artistas para contar historias a través de imágenes?

¡Explica a los niños que crearán una obra de arte que contará una historia acerca de quiénes son ellos mismos!

- Muestra a los niños un ejemplo completo de «Mi escudo de armas» para picar su interés.

Explícales que un escudo de armas es un diseño que usa imágenes y símbolos para dar información acerca de una familia.

Entrega a los niños una hoja de trabajo y un ejemplo completo de «Mi escudo de armas». Pídeles que sigan las instrucciones para dibujar y colorear símbolos e imágenes que cuenten una historia sobre ellos mismos.

Pide a los niños que respondan la pregunta al final de la hoja de trabajo. La pregunta les pide que expliquen cómo su arte cuenta una historia sobre ellos mismos.

Invítalos a presentar su escudo de armas. Luego, exhíbelos en una pared del aula.

**Extensiones**

Pide a los niños que cuenten una historia acerca de su primer día de clases usando algún tipo de expresión artísitica, como música, actuación, mímica, escultura, etc.

Para ver y descargar la hoja de trabajo, visita **www.crabtreebooks.com/resources/printables** o **www.crabtreeplus.com/fullsteamahead** (páginas en inglés) e ingresa el código **fsa20**.